La antigua Roma para niños

Un apasionante repaso al Reino, la República y el Imperio romano

© Copyright 2024

Todos los derechos reservados. Ninguna parte de este libro puede ser reproducida de ninguna forma sin el permiso escrito del autor. Los revisores pueden citar breves pasajes en las reseñas.

Descargo de responsabilidad: Ninguna parte de esta publicación puede ser reproducida o transmitida de ninguna forma o por ningún medio, mecánico o electrónico, incluyendo fotocopias o grabaciones, o por ningún sistema de almacenamiento y recuperación de información, o transmitida por correo electrónico sin permiso escrito del editor.

Si bien se ha hecho todo lo posible por verificar la información proporcionada en esta publicación, ni el autor ni el editor asumen responsabilidad alguna por los errores, omisiones o interpretaciones contrarias al tema aquí tratado.

Este libro es solo para fines de entretenimiento. Las opiniones expresadas son únicamente las del autor y no deben tomarse como instrucciones u órdenes de expertos. El lector es responsable de sus propias acciones.

La adhesión a todas las leyes y regulaciones aplicables, incluyendo las leyes internacionales, federales, estatales y locales que rigen la concesión de licencias profesionales, las prácticas comerciales, la publicidad y todos los demás aspectos de la realización de negocios en los EE. UU., Canadá, Reino Unido o cualquier otra jurisdicción es responsabilidad exclusiva del comprador o del lector.

Ni el autor ni el editor asumen responsabilidad alguna en nombre del comprador o lector de estos materiales. Cualquier desaire percibido de cualquier individuo u organización es puramente involuntario.

Índice de contenidos

Introducción	1
Capítulo 1: El Reino de Roma (753 a. C. - 509 a. C.)	2
Capítulo 2: La República romana (509 a. C. - 27 a. C.)	10
Capítulo 3: El Imperio romano (27 a. C. - 476 d. C.)	21
Capítulo 4: Las clases sociales en la antigua Roma	30
Capítulo 5: La esclavitud en la antigua Roma	36
Capítulo 6: ¿Cómo se entretenían los romanos?	44
Capítulo 7: El ejército romano y sus numerosas batallas	52
Capítulo 8: Emperadores famosos	59
Capítulo 9: La caída de Roma	68
Referencias	78

Introducción

Este libro hace un viaje al pasado para conocer cómo vivían los antiguos romanos. Lea sobre los soldados y emperadores de la época romana, aprenda por qué y cómo el Imperio romano dejó un legado que sigue entre nosotros más de dos mil años después.

Este libro está repleto de datos fáciles de leer e imágenes emocionantes que dan vida a los antiguos romanos. Cada capítulo concluye con una divertida actividad para recordar los principales acontecimientos y personajes sobre los que se habla.

La historia cobra vida a medida que descubre cosas que nunca había imaginado sobre los emperadores, los soldados y el pueblo romano. Aprenderá nuevas palabras para aumentar su conocimiento y comprensión de esta época tan importante de la historia.

Al final del libro, será un experto en la formación e importancia de una época que duró más de mil años. Fue un periodo lleno de descubrimientos y conocimientos, batallas, valentía y líderes que dejaron su huella en la historia hasta nuestros días.

¿Está preparado para viajar al pasado y descubrir cómo vivían los antiguos romanos y por qué aún hoy los recordamos y hablamos de ellos? ¡Adelante!

Capítulo 1: El Reino de Roma (753 a. C. - 509 a. C.)

Varias leyendas cuentan el nacimiento de Roma. Una de las más conocidas es la historia de dos gemelos llamados Rómulo y Remo. Se creía que eran hijos de Marte, el dios romano de la guerra, y de una madre humana. Algunas leyendas afirman que su padre era Hércules. Independientemente de sus padres, se atribuye a los gemelos la fundación del Reino de Roma en el año 753 a. C.

Tras el nacimiento de los gemelos, el rey exigió su muerte. ¿Por qué? Porque era un hombre celoso y sediento de poder. Había arrebatado el poder sobre la tierra a su hermano mayor y ordenó matar a todos los herederos varones, incluidos los gemelos.

El rey sabía que no podía matarlos él mismo sin que los dioses se enfadaran, así que ordenó a un sirviente que arrojara a los bebés al cercano río Tíber para que se ahogaran. Sin embargo, el criado se apiadó de los bebés gemelos y los metió en una cesta antes de dejarlos a la deriva.

La loba que cuidó de Rómulo y Remo
https://commons.wikimedia.org/wiki/File:Capitoline_she-wolf_Musei_Capitolini_MC1181.jpg

El pastor y su esposa llamaron a los bebés Rómulo y Remo y cuidaron de ellos hasta que se convirtieron en jóvenes. Un día, Rómulo y Remo estaban cuidando las ovejas en el campo, cuando se les acercaron los pastores del rey e iniciaron una lucha en la que Remo fue capturado. Después, Rómulo reunió a algunos pastores vecinos y se enfrentó al rey, matándolo y rescatando a su hermano.

Los gemelos querían construir una ciudad a orillas del río, cercana a donde su cesta se había quedado trancada. Sin embargo, discutían sobre dónde debía construirse el muro de la futura ciudad. Cansado de las discusiones y en un arrebato de ira, Rómulo mató a su hermano, aunque lo lamentó el resto de su vida. Pasó el tiempo y Rómulo construyó una ciudad a la que llamó Roma. Hoy, esa ciudad es la misma Roma que conocemos, en la actual Italia.

Con el tiempo, se contaron otras historias sobre la fundación Roma, pero muchos historiadores coinciden en que la ciudad surgió alrededor del año 753 a. C.

Lo que hoy conocemos como el Imperio romano pasó por varias etapas de crecimiento. Primero, se conoció como el **Reino de Roma**; después se convirtió en la **República romana**; y, finalmente, en el **Imperio romano**.

El Reino de Roma

Durante los primeros años del Reino de Roma, Rómulo formó una *monarquía*, una forma de gobierno en la que dirige una sola persona. Las leyendas dicen que Rómulo quería que su pueblo tuviera cierta libertad sobre su propia vida y creía que todos los ciudadanos debían tener voz para decidir cómo vivir. ¿Cómo funcionaba esta nueva monarquía?

Durante los primeros años del reino, Rómulo creó el *Senado*. El Senado tenía cien miembros, en su mayoría líderes de clanes o tribus de todo el reino. El Senado controlaba los asuntos religiosos y legales que afectaban a la vida en Roma. Con el tiempo, los nobles o *patricios* pasaron a formar parte del Senado, reemplazando a los jefes de los clanes.

También se cree que Rómulo separó a la población en tres «tribus» con fines fiscales y de protección militar. Cada una de las tres tribus estaba gobernada por un *tribuno*, cuyo trabajo consistía en proteger al pueblo de leyes o normas injustas. Los tribunos tenían mucho poder, podían condenar a los ciudadanos a la cárcel y fijar multas por infringir la ley.

Vista moderna de la curia Julia, una casa del Senado romano de la antigua Roma
Carole Raddato from FRANKFURT, Germany, CC BY-SA 2.0 <https://creativecommons.org/licenses/by-sa/2.0>, via Wikimedia Commons; https://commons.wikimedia.org/wiki/File:Curia_Julia_(Senate_House)_Roman_Forum,_Rome_(9115853194).jpg

Los senadores y los tribunos no eran los únicos que tenían poder. Además del rey, había un sumo sacerdote, conocido como el «sumo pontífice» o el *pontifex maximus*. Este cargo era muy importante en la religión romana, ya que era el líder elegido entre los líderes religiosos.

Los primeros reyes de Roma

> **DATO CURIOSO**
> "El cargo de pontifex maximus sigue existiendo hoy en Roma y se refiere al jefe de la Iglesia católica romana, que es más comúnmente conocido como el papa."

Durante casi 250 años, el Reino de Roma estuvo dirigido por varios reyes. Una breve reseña de algunos de ellos ayuda a entender el crecimiento del Reino de Roma durante los dos siglos siguientes.

> **DATO CURIOSO**
> "Durante los primeros años, la población de Roma estaba formada en gran parte por criminales, exiliados, fugitivos y otros «indeseables»."

Rómulo gobernó entre el 753 y el 715 a. C. y fue el primer rey de Roma. Construyó la ciudad en el Palatino, una de las siete colinas que bordean el Tíber. En los primeros tiempos de la ciudad, vivían en ella muchos hombres, pero pocas mujeres. Los hombres romanos trataron de encontrar la manera de atraer más mujeres para tener hijos y familias y que la ciudad creciera en población.

Así, decidieron aprovecharse de algunos de sus vecinos del este. Entre ellos se encontraba una antigua tribu italiana conocida como los sabinos, que vivían en las regiones montañosas de la actual Italia. En Roma se celebraba un gran festival en honor a Cronos (Saturno en la mitología romana) en un lugar conocido como el Circo Máximo.

Durante el festival, los romanos aprovecharon la multitud y se llevaron a muchas de las mujeres sabinas, que fueron obligadas a casarse con sus captores romanos. Las que se negaron se convirtieron en esclavas de quienes las habían capturado. Este incidente provocó una guerra de los sabinos contra Roma, pero la ganó Rómulo. Más tarde, se hizo la paz con los sabinos y ambos pueblos vivieron juntos en Roma.

Rómulo gobernó Roma durante casi cuarenta años. Se cree que murió cuando tenía unos 55 años, pero la forma en que murió sigue siendo un misterio.

Durante las décadas siguientes, los reyes de Roma se ocuparon del reino. Tras la muerte de Rómulo, un sabino llamado Numa Pompilio fue nombrado rey. Tras su muerte, otro romano, Tulio Hostilio, fue nombrado rey. Siete reyes en total gobernaron el Reino de Roma.

Tulio Hostilio (gobernó del 672 al 640 a. C.)

Escultura de Tulio Hostilio

Rijksmuseum, CC0, via Wikimedia Commons; https://commons.wikimedia.org/wiki/File:Sculptuur_van_Tullus_Hostilius_T._Hostilius_(titel_op_object),_RP-P-2016-591-40-2.jpg

Tulio Hostilio fue el tercer rey elegido por el Senado para gobernar Roma. Al igual que Rómulo, Tulio hizo la guerra contra tribus vecinas y ganó muchas tierras. Era conocido como señor de la guerra y un hombre violento.

Ganó tierras convenciendo a la gente de los beneficios que tenía ser parte de Roma y así duplicó la población del reino. Prometió que los líderes de todas las tribus formarían parte del Senado romano y tendrían voz en la forma de gobierno.

Dado que el número de senadores había crecido con los años, Tulio ordenó la construcción de las primeras cámaras del senado o casa del senado, conocida como la *Curia Hostilia*.

Lucio Tarquinio (gobernó del 534 al 509 a. C.)

Lucio Tarquinio, también conocido como *Tarquino Superbus* (*superbus* significa «soberbio»), era etrusco. Procedía de una tribu muy antigua que vivía en la costa occidental de la actual Italia. Se cree que fue el séptimo y último rey del Reino de Roma.

Según la leyenda, Tarquinio no fue un rey bueno ni agradable. Se rumorea que mató a su suegro. ¿Por qué? Porque quería gobernar con total autoridad y poder. Este tipo de gobierno se conoce como **despotismo** y el hombre que actuaba así era llamado **déspota** o dictador. Ordenó la muerte de muchos senadores y mostró poca preocupación por el bienestar de su pueblo.

Tarquino, el Soberbio y su familia fueron expulsados de Roma, esto provocó que sus seguidores atacaran Roma. Sin embargo, los romanos los derrotaron y Lucio Tarquinio huyó a Grecia.

Viñeta de Lucio Tarquinio proclamándose rey
https://commons.wikimedia.org/wiki/File:Comic_History_of_Rome_Table_02_Tarquinius_Superbus_makes_himself_King.jpg

Lucio Bruto (cónsul romano en el 509 a. C.)

Lucio Bruto no era un rey oficial de Roma, pero era *cónsul*. El cónsul era un cargo electo muy importante, ya que era el representante del pueblo. Lucio era responsable de proteger a los ciudadanos y promover las leyes y los intereses de los habitantes de Roma.

Según la tradición romana, Lucio Bruto era primo de uno de los hijos de Lucio Tarquinio el Soberbio, un hombre llamado Sexto. Sexto no era un buen hombre, atacó a una mujer causándole la muerte. Lucio Bruto se enfadó tanto por el incidente que quiso derrocar a la monarquía. Lideró una revuelta contra el rey sediento de poder. Junto con otros senadores, atacó a Lucio Tarquinio el Soberbio y a su familia y los obligó a abandonar Roma.

Lucio Bruto, aunque no era rey, cambió la vida romana. Se le atribuye el mérito de iniciar la República romana, que marcó toda una era en el desarrollo de Roma.

Busto de Lucio Bruto, cónsul romano
https://commons.wikimedia.org/wiki/File:Capitoline_Brutus_Musei_Capitolini_MC1183_04.jpg

Lucio Bruto no vivió lo suficiente para ver la creación de la República romana, ya que fue asesinado durante una batalla para impedir que Tarquino el Soberbio recuperara su trono en Roma.

Durante un tiempo, Roma dejó de ser una monarquía y fue dirigida y gobernada por familias influyentes. Con el tiempo, los ciudadanos comunes, conocidos como *plebeyos*, se cansaron de no poder gobernarse a sí mismos y se rebelaron alrededor del año 494 a. C. El Reino de Roma llegó a su fin y nació una nueva era conocida como la República romana.

Capítulo 2: La República romana (509 a. C. - 27 a. C.)

Tras la derrota de la monarquía, nació una nueva era en la historia romana. En aquella época, la antigua Roma era conocida como una **ciudad-estado** y se llamó República romana. Duró aproximadamente quinientos años y durante este tiempo el poderío militar de Roma siguió creciendo, al igual que las tierras dominadas por los romanos.

Una de las guerras de este periodo, la **guerra pírrica**, fue contra los vecinos griegos. Este conflicto duró cinco años, entre el 280 y el 275 a. C. ¿Por qué luchaban? Los historiadores creen que empezó por la captura de barcos romanos en una colonia griega del norte de Grecia.

El rey Pirro de Grecia contaba con el apoyo de otras ciudades-estado griegas porque los diferentes pueblos griegos querían independizarse del dominio romano. El rey dirigió muchas tropas e incluso elefantes en la guerra contra Roma.

Busto de Pirro

© Marie-Lan Nguyen / Wikimedia Commons; https://commons.wikimedia.org/wiki/File:Pyrrhus_MAN_Napoli_Inv6150_n03.jpg

El ejército romano libró muchas batallas contra el ejército griego. En la primera, en Heraclea, murieron muchos hombres. Aunque Pirro ganó la batalla, perdió a muchos de sus líderes. Los romanos tenían más soldados. La siguiente, la batalla de Ásculo, fue feroz.

De nuevo, Pirro ganó, pero perdió más hombres. No tenía el dinero, ni las armas, ni los hombres que tenían los romanos. Casi al final de la guerra, Pirro y los romanos lucharon una vez más en un lugar llamado Benevento. Ganaron los romanos y Pirro abandonó Italia. Murió tres años después.

Durante los primeros años de la nueva república se libraron muchas batallas, interrumpidas por paces temporales. Estas variaciones fueron habituales en la vida durante estos años tormentosos. En el año 50 a. C., Roma controlaba la mayor parte del Mediterráneo. Poco más de un siglo después, el Imperio romano alcanzó su apogeo.

Mapa del crecimiento del Imperio romano
Tataryn, CC BY-SA 3.0 <https://creativecommons.org/licenses/by-sa/3.0>,
via Wikimedia Commons; https://commons.wikimedia.org/wiki/File:Roman_Empire_Trajan_117AD.png

En esta nueva era, quienes poseían grandes riquezas formaron un gobierno *republicano*. El poder del gobierno republicano lo otorga el pueblo, lo que significa que el pueblo elegía a ciertos miembros de la sociedad para que decidieran las leyes en su nombre.

Los ciudadanos ricos de Roma formaban *asambleas* o reuniones en las que tomaban decisiones importantes para el pueblo. Durante los primeros años de la república, solo los ricos podían asistir a estas reuniones. La gente «común», conocida como *plebeyos*, no podía asistir.

Con el tiempo, los plebeyos sintieron que su voz no era escuchada. Su creciente enfado y sus demandas obligaron a las asambleas a crear un grupo llamado *Consejo de plebeyos*. Este grupo se aseguró de que incluso las clases más bajas tuvieran voz en la creación de las leyes romanas.

Durante muchos años, el Senado, los plebeyos y la élite trabajaron juntos para crear normas y leyes por las que regirse. También elegían *magistrados*, que velaban por el cumplimiento de esas leyes.

La vida en la República romana

Durante la República romana, la sociedad estaba formada por muchos tipos de personas. Algunos eran ciudadanos romanos nacidos allí, otros procedían de las tierras ocupadas por los ejércitos romanos y estaban los cautivos de otras tierras, que eran convertidos en esclavos.

Quizá las figuras más importantes de la época eran las *legiones* o ejércitos romanos que hacían la guerra a las regiones vecinas y conquistaban más tierras para Roma, por lo que adquirieron un gran poder. Estos ejércitos ayudaron a mantener la paz en Roma y los soldados, llamados **legionarios**, eran respetados y temidos. Estos ejércitos estaban formados por hombres de todas las clases sociales.

Durante la República romana, no había emperadores y esto causó muchos problemas en toda Roma. Las guerras civiles eran casi constantes y ponían a prueba la capacidad de los senadores y magistrados para mantener la paz en todo el imperio. En el año 260 a. C., Roma ya se había convertido en una fuerza importante en la región.

La religión también desempeñaba un papel importante en la vida romana. Como los romanos procedían de muchas regiones, tenían religiones diferentes. La mayoría adoraban a espíritus, dioses y diosas. Muchos de ellos creían en los dioses griegos como Zeus (Júpiter en la religión romana). Otros veneraban a los dioses de Egipto, como Isis y Osiris.

Pasaron los años y las guerras civiles continuaron. Muchas de estas batallas se libraban por el poder personal de algunos interesados y no por la unidad de Roma. Alrededor del año 100 a. C. nació uno de los romanos más famosos de toda la historia. Era un soldado que llegó a general del ejército romano, ganó batallas y se ganó el respeto de todos. Era admirado y temido por sus soldados y sus enemigos y es quizás uno de los líderes más conocidos de Roma durante la República.

Julio César: llegó, vio y venció

En la historia romana destaca un hombre. Su nombre es bien conocido hoy en día, a pesar de que murió hace más de dos mil años. Se llamaba **Julio César**. Ya de joven, Julio César soñaba con cambiar la forma de gobierno de los romanos. Creía que el cambio era necesario y que el pueblo romano estaría mejor bajo el liderazgo de un solo hombre. César creía firmemente que él era el hombre indicado.

> **DATO CURIOSO**
>
> "De joven, César fue capturado por piratas y no tuvo miedo. De hecho, sugirió a sus captores que aumentaran la cantidad de dinero que pedían por su rescate. Mientras esperaban a que pagaran el rescate, les leía cuentos griegos y romanos. Finalmente, les dijo a sus captores que un día los cazaría y los mataría a todos. Se rieron de su broma, pero una vez liberado, César cumplió su palabra."

Julio César soñaba con gobernar Roma. Se hizo **abogado**, se convirtió en **orador** y llegó a ser cónsul.

> **DATO CURIOSO**
>
> "Julio César era un soldado experto. A sus veintiún años, recibió una corona por salvar la vida de civiles durante una batalla."

Cuando tenía 36 años, fue elegido *pretor*, un cargo con gran autoridad sobre la vida del pueblo y en el gobierno. Al año siguiente, fue elegido *pontifex maximus*. Su poder creció, al igual que la división entre los romanos, ya que algunos creían que era bueno para Roma y otros no.

Sirvió como comandante militar romano durante muchos años, dirigió tropas en batallas en zonas de la actual Francia,

Bélgica y la parte de Alemania al oeste del río Rin. Durante este tiempo, se enriqueció y dirigía un ejército fuerte y leal que estaba dispuesto a seguirlo hasta los confines del mundo.

Durante los años que César pasó lejos de Roma, algunos senadores se pusieron celosos de su popularidad y poder y varios intentaron poner a todos los senadores de Roma en contra de César. Cuando tenía casi cincuenta años, el Senado le ordenó que disolviera su ejército bajo pena de ser declarado enemigo público.

Una reunión del Senado romano en tiempos de Julio César
https://commons.wikimedia.org/wiki/File:Cicero_Denounces_Catiline_in_the_Roman_Senate_by_Cesare_Maccari_-_3.jpg

Esto enfureció a César, que marchó a Roma con casi cinco mil hombres para luchar por el derecho a dirigir su país. En dos meses, César arrasó Italia y obtuvo apoyo militar y político. Tomó España y Grecia y luego se dirigió a Egipto.

Durante su estancia en Egipto, César conoció y se enamoró de una egipcia llamada Cleopatra y la ayudó a ocupar el trono de su país. Después de eso, puso fin al sentimiento «anti-César» en las provincias de Italia. Por aquel entonces, dijo las ahora famosas palabras: *«Veni, vidi, vici»*, que significa: «Vine, vi, vencí».

En un principio, César quería ser gobernante de Roma durante diez años, pero cambió de opinión y decidió que sería el líder de Roma por el *resto de su vida*. Como líder, tomaba todas las decisiones, implementando un gobierno similar a una monarquía.

Sus ideas hicieron enojar a muchos de los senadores romanos que no querían que nadie los gobernara, querían el poder. Aunque César fue muy querido, también hizo enemigos por su sed de poder, que alarmó a muchos. Algunos senadores querían expulsar a César de Roma.

A pesar de la ira de muchos, César se ocupó de muchos problemas a los que se enfrentaba Roma. Restableció la ley y el orden en la ciudad, mejoró el gobierno de las provincias periféricas, creó una mejor forma de recaudar impuestos y dio parcelas de tierra a miles de soldados fieles a Roma como recompensa por su servicio y lealtad. Ordenó construir templos, teatros y una biblioteca en la ciudad. Con la ayuda de un astrónomo griego, elaboró un nuevo calendario de 365 días, que se sigue utilizando hoy en día en algunos lugares.

Escultura de Julio César en Turín, Italia
https://commons.wikimedia.org/wiki/File:Retrato_de_Julio_C%C3%A9sar_(26724093101).jpg

Julio César promulgó leyes que permitieron el autogobierno de grandes zonas habitadas por romanos. Restauró grandes ciudades que habían sido destruidas tiempo atrás, como Cartago, Corinto y Capua.

A mediados de la cincuentena, en el año 45 a. C., Julio César se autoproclamó rey. Fue un gran error por su parte, porque a muchos en el Senado y a la población romana en general no les gustó. Creían que había cometido un gran crimen, uno que no podía ser perdonado. Temían que destruyera la República y las viejas tradiciones. César se enemistó con la gente que no quería vivir bajo el gobierno de un rey o un dictador.

Muchos senadores comenzaron a planear cómo deshacerse de César. Uno de estos hombres se llamaba Bruto y otro era su viejo amigo Casio. El 15 de marzo de 44 a. C., César fue a una reunión del Senado y fue asesinado por sus enemigos.

Una pintura de la muerte de Julio César
https://commons.wikimedia.org/wiki/File:Karl_Theodor_von_Piloty_Murder_of_Caesar_1865.jpg

Así terminó el gobierno de uno de los dirigentes más queridos y odiados de Roma. Como César era un hombre muy popular entre el ejército y el pueblo, fue honrado con un gran funeral en el foro romano.

Incluso ahora, muchos siglos después de su muerte, el nombre y la reputación de Julio César siguen vivos. Era conocido como un soldado poderoso y valiente, admirado por su fuerza y determinación. César era un hombre inteligente y culto, pero también arrogante y temerario.

Tras su muerte, la agitación se apoderó de Roma y de todos sus territorios hasta el año 27 a. C. cuando inició una nueva era: el Imperio romano.

Actividad del capítulo 2 - Rellene los espacios en blanco

Rellene los espacios en blanco de las siguientes frases con la palabra correcta.

1. En la República romana, quienes tenían grandes riquezas formaron un gobierno _____.

2. Los ciudadanos ricos de Roma celebraban_____ o reuniones.

3. Los soldados de _____ eran respetados y temidos. Estos ejércitos estaban formados por soldados de todas las clases sociales.

4. Julio César soñaba con gobernar Roma algún día. Se convirtió en _____.

5. César dijo las famosas palabras «_____», que significan: «Vine, vi, vencí».

6. Con la ayuda de un astrónomo griego, creó un nuevo _____ de 365 días.

Respuestas del capítulo 2

1. Republicano
2. Asambleas
3. Las legiones
4. Abogado
5. «Veni, vidi, vici»
6. Calendario

Capítulo 3: El Imperio romano (27 a. C. - 476 d. C.)

Tras la muerte de Julio César, la República romana y las tierras que controlaba siguieron creciendo. Los romanos seguían luchando en tierras extranjeras y expandiendo su territorio. Ganaron muchas batallas contra sus vecinos y llegaron a conquistar territorios más allá de las fronteras de Italia. Los nombres de muchos de los emperadores romanos (buenos y malos) perduran hoy en día.

El Imperio romano

En el año 27 a. C., Roma estaba gobernada por Augusto, sobrino nieto de Julio César. En su testamento, Julio César había adoptado oficialmente a Augusto y lo había designado como su **heredero**. Eso significaba que Augusto gobernaría Roma tras la muerte de César, pero solo tenía diecinueve años cuando César fue asesinado, en el 44 a. C.

Estatua de Augusto César
https://commons.wikimedia.org/wiki/File:Statue-Augustus.jpg

Durante años, Augusto luchó contra otros romanos que querían el poder. El equilibrio de estas pugnas cambiaba constantemente. Solo cuando Augusto tenía treinta años fue nombrado emperador. Gobernó desde el 27 a. C. hasta el 14 d. C. Era un hombre que buscaba la paz, pero tuvo que luchar en muchas batallas para derrotar a sus rivales. Fue llamado héroe y formó una nueva Roma, más estable.

Augusto fue el primer emperador del Imperio romano, pero le siguieron muchos otros que dejaron su huella en la historia.

Augusto introdujo cambios en la forma de gobernar de los senadores en Roma. En la República, los senadores asesoraban, pero no hacían leyes. En los primeros años del Imperio romano, los senadores tenían pleno poder sobre la vida cotidiana.

Cuando Augusto llegó al poder, introdujo grandes cambios en el Senado. Para empezar, disminuyó el número de senadores de unos novecientos a seiscientos. Aun así, los senadores tenían mucho poder y eran quienes controlaban los gobiernos de las distintas provincias de Roma mediante cónsules, pretores y magistrados.

Después de la muerte de Augusto, el Senado perdió gran parte de ese poder.

Tras la muerte de César Augusto, doce futuros césares gobernaron el Imperio romano. No todos ellos fueron buenos líderes: algunos no eran honrados y otros incluso eran enfermos mentales, como **Calígula**, que se caracterizó por su crueldad.

Busto de mármol de Calígula
Metropolitan Museum of Art, CC0, via Wikimedia Commons;
https://commons.wikimedia.org/wiki/File:Caligula_-_MET_-_14.37.jpg

Sin embargo, Roma también tuvo emperadores buenos, que llevaron al imperio a una era de riqueza y paz. Estos años de bonanza se conocieron como la *Pax Romana*. La *Pax Romana* duró aproximadamente doscientos años, del 27 a. C. al 180 d. C. Durante estos años, el imperio creció y el comercio llevó grandes riquezas a Roma.

A pesar del crecimiento, el poder del ejército y los años relativamente pacíficos del Imperio romano, los romanos no pudieron controlar a la madre naturaleza.

La erupción que cambió Roma para siempre

La ciudad de Pompeya era un lugar muy popular en aquella época, parecido a un centro turístico. Los romanos iban allí de vacaciones o a vivir durante el verano debido a su ubicación costera. Las tierras de cultivo de Pompeya, antaño fértiles, fueron destruidas cuando un volcán cercano a Nápoles entró en erupción un mediodía del verano del año 79 d. C. Era el volcán **Vesubio.**

Pintura de la erupción del Vesubio
https://commons.wikimedia.org/wiki/File:Joseph_Wright_of_Derby_-_Vesuvius_from_Portici.jpg

La tierra tembló cuando la cima de la montaña estalló. La explosión levantó una enorme nube de ceniza y humo de casi quince kilómetros de altura. Esa nube se asentó sobre las ciudades de los alrededores y la lava caliente fluyó montaña abajo. El humo y una enorme nube llena de gases tóxicos y ceniza dificultaban la respiración. Además, se produjo un **tsunami**, que causó más muerte y destrucción.

Ese día, dos grandes ciudades de los alrededores de Roma fueron destruidas: Pompeya y Herculano, llamada así por el mítico Hércules. Miles de hombres, mujeres, niños y animales murieron a causa de la nube de ceniza que se asentó sobre la población. Detrás de la nube de ceniza cayeron muchas rocas y lodo caliente que cubrieron las dos ciudades, dejando tras de sí los cuerpos de los muertos, paralizados en el tiempo. Durante los días siguientes a la erupción, la campiña se vio sacudida por varios terremotos.

DATO CURIOSO

"Los habitantes de Pompeya no sabían que vivían junto a un volcán activo, ya que el Vesubio nunca había entrado en erupción."

Las ruinas de Pompeya y Herculano aún pueden verse hoy en día y siguen siendo visitadas por miles de turistas cada año. De hecho, las ruinas de Pompeya se encuentran entre las más visitadas del mundo.

Ruinas de Pompeya bajo el Vesubio
Qfl247, CC BY-SA 3.0 <https://creativecommons.org/licenses/by-sa/3.0>, via Wikimedia Commons; https://commons.wikimedia.org/wiki/File:Pompeii%26Vesuvius.JPG

Durante los doscientos años siguientes, el Imperio romano creció tanto, que se hizo difícil gobernarlo y protegerlo. En 286 d. C., el *emperador Diocleciano* decidió dividir el Imperio romano en dos: el Imperio romano de Occidente y el Imperio romano de Oriente. En aquel momento, se acordó que cada parte tendría su propio emperador. La capital del Imperio de Occidente fue Roma, mientras que la capital del Imperio de Oriente fue Constantinopla.

Los habitantes de ambos imperios eran iguales en muchos aspectos, pero diferentes en otros. Los ciudadanos del Imperio romano de occidente vivían como los romanos tradicionales y había entre ellos personas de diferentes orígenes y lenguas.

En el 293 d. C., el emperador Diocleciano también cambié el tipo de gobierno por uno llamado *tetrarquía*, que significa «gobierno de cuatro». Así, Diocleciano esperaba proteger sus tierras y a su pueblo mediante un gobierno de cuatro personas.

El Imperio romano de Oriente fue gobernado en sus inicios por **Constantino**, también conocido como Constantino el Grande. Constantino creció en el Imperio romano de Oriente, en la actual Turquía. cogobernó el Imperio romano durante unos veinte años hasta que en el año 324 d. C. se convirtió en el único gobernante de todo el Imperio romano (tanto de occidente como de oriente). Tenía 52 años.

Seis años más tarde fundó la capital del Imperio romano de Oriente, Constantinopla. Murió en el 337, a los 65 años. A partir de entonces, los dos imperios se separaron para siempre. Al Imperio romano de Oriente le fue muy bien, ya que creció continuamente en fuerza y poder.

Estatua de Constantino

Merulana, CC BY-SA 4.0 <https://creativecommons.org/licenses/by-sa/4.0>, via Wikimedia Commons; https://commons.wikimedia.org/wiki/File:Statua_di_Costantino_ai_musei_capitolini.jpg

El Imperio romano de Occidente, en cambio, era invadido a menudo por tribus enemigas y los romanos debían luchar constantemente para defenderse. Muchos historiadores creen que la división del Imperio romano hizo que ambas mitades fueran más débiles que antes.

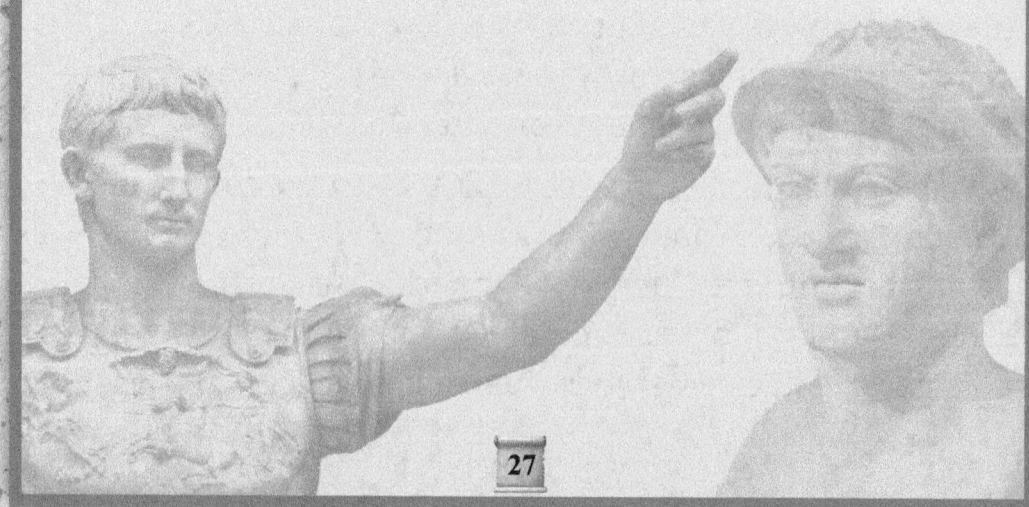

Actividad del capítulo 3 - Emparejamientos

Dibuje una línea que una el nombre o acontecimiento de la izquierda con la época correcta de la derecha (la información para responder se encuentra entre el capítulo 1 y el 3.

Erupción del volcán Vesubio	Reino de Roma
Se forma el Consejo de plebeyos	República romana
Tulo Hostilio	Imperio romano
Guerra pírrica	República romana
Rómulo crea el Senado	Reino de Roma
Julio César	República romana
Augusto es nombrado emperador	Imperio romano
Roma se divide	Imperio romano

Respuestas del capítulo 3

Erupción del volcán Vesubio - Imperio romano

Se forma el Consejo de plebeyos - República romana

Tulo Hostilio - Reino de Roma

Guerra pírrica - República romana

Rómulo crea el Senado - Reino de Roma

Julio César - República romana

Augusto es nombrado emperador - Imperio romano

Roma se divide - Imperio romano

Capítulo 4: Las clases sociales en la antigua Roma

En la antigua Roma, la sociedad estaba formada por muchas clases de personas diferentes. Todos los que habían nacido y vivían en la ciudad eran considerados *ciudadanos*. Sin embargo, las clases más acomodadas recibían el nombre de *patricios*, mientras que el pueblo llano era conocido como *plebeyos*.

Los que vivían fuera de la ciudad o procedían de otras tierras eran conocidos como *provincianos no ciudadanos*.

Los patricios eran ricos y a menudo ocupaban cargos importantes en el gobierno. Podían actuar como gobernadores, senadores, cónsules o magistrados. Estos hombres tenían dinero y tierras, por lo que a menudo llevaban una vida de ocio. También tenían autorización de tener un negocio para vender cosas que la gente necesitaba.

Una familia patricia solía vivir en una gran casa o apartamento con padres, abuelos y otros familiares. Estas casas eran de ladrillo y tenían tejados rojos. Varias casas rodeaban una zona ajardinada llamada *atrio*.

Los plebeyos llevaban una vida más sencilla, porque no tenían mucho dinero. Muchos de ellos eran agricultores o trabajaban en negocios de propiedad de patricios. Vivían en casas sencillas de ladrillo o piedra. Las familias plebeyas solían compartir un apartamento o una casa más pequeña y estas casas solían compartir un patio estrecho.

La vivienda media de un plebeyo en la antigua Roma
iessi, CC BY 2.0 <https://creativecommons.org/licenses/by/2.0>, via Wikimedia Commons;
https://commons.wikimedia.org/wiki/File:Ostia_Antica-strada01-modified.jpg

¿Cómo vestían los habitantes de la antigua Roma?

Los patricios y los plebeyos vestían distintos tipos de ropa. Los hombres ricos solían vestir ropas de telas más finas, como el lino, y podían llevar una toga blanca con bordes rojos. La toga era una gran pieza de tela que podía llegar a medir seis metros de largo. Los bordes de las togas solían ser de colores. Por ejemplo, los magistrados podían llevar togas blancas con borde rojo para indicar su estatus, mientras que las togas púrpuras estaban reservadas para los miembros del Senado.

Un patricio romano

Valdavia, CC BY-SA 3.0 <https://creativecommons.org/licenses/by-sa/3.0>, via Wikimedia Commons; https://commons.wikimedia.org/wiki/File:Patricio_Romano.svg

En la época del Imperio romano, los patricios y las mujeres solían llevar una **estola**, que era una prenda formada por dos grandes piezas rectangulares de tela que se abotonaban o sujetaban en los hombros o a los costados. Al igual que las togas de los hombres ricos, las estolas de las mujeres ricas también tenían bordes de colores para indicar su estatus en la sociedad.

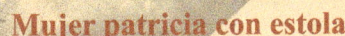

Mujer patricia con estola

Ángel M. Felicísimo, CC BY-SA 4.0 <https://creativecommons.org/licenses/by-sa/4.0>, via Wikimedia Commons; https://commons.wikimedia.org/wiki/File:Livia_Drusila (15708884953).jpg

Solo las personas adineradas vestían togas, aunque no las llevaban todo el tiempo. Los plebeyos, por su parte, vestían túnicas sencillas, a menudo de lana. Los niños vestían túnicas similares a las de sus padres y las de los niños eran más cortas que las de las niñas.

Los niños de Roma

Los niños que crecían en la antigua Roma iban a la escuela. Si un padre era rico, podía contratar a un *tutor* o maestro para sus hijos. Estos niños aprendían a leer, a escribir y a realizar operaciones matemáticas básicas. A medida que crecían, los niños empezaban a aprender historia, a leer a los grandes escritores y a estudiar *astronomía*, lo que significa que aprendían sobre las estrellas. Los niños de padres pobres, en cambio, solo aprendían a leer y escribir.

Los niños jugaban con canicas de cristal o modelos de arcilla seca de carros y caballos. Las niñas jugaban con muñecas de trapo o paja. A medida que crecían, las niñas aprendían a cuidar de la casa y los niños solían prepararse para ejercer el mismo oficio que sus padres.

A las niñas y los niños de todas las clases sociales les gustaba disfrazarse, como hacen los niños de hoy. Así, se hacían pasar por poderosos guerreros, fabricaban armas de juguete y se divertían simulando batallas con sus amigos. También jugaban con pelotas, aros y perros.

Las mujeres en la antigua Roma

Al igual que para los hombres, el estatus era muy importante para las mujeres. Las mujeres ricas gozaban de mayor libertad. Así, la esposa de un emperador o de un senador tenía un gran poder. Sin embargo, la mayoría de las mujeres de la antigua Roma se ocupaban de sus hogares y de sus hijos.

Las mujeres pobres pasaban sus días trabajando duro en las granjas o confeccionando ropa para la familia. Algunas mujeres de la antigua Roma llegaron a tener sus propios negocios y muchas desempeñaron un valioso papel en la sociedad. Algunas se convirtieron en comadronas o peluqueras y algunas incluso llegaron a ser médicas.

Hombres y mujeres de todas las clases sociales se reunían a menudo en el *foro*, que era una especie de plaza. El foro romano solía estar cerca de los edificios gubernamentales y allí se celebraban todo tipo de actos, como juicios, luchas de gladiadores y discursos políticos. Algunas veces, incluso servía como un gran mercado.

Ruins of a Roman Forum.

I, Sailko, CC BY-SA 3.0 <https://creativecommons.org/licenses/by-sa/3.0>, via Wikimedia Commons; https://commons.wikimedia.org/wiki/File:Foro_romano_dal_campidoglio_04.JPG

Actividad del capítulo 4 - Describa un día como niño romano

Si fuera un niño romano, ¿cómo cree que pasaría el día? Escriba entre tres y cinco frases sobre cómo fue su día. Por ejemplo: «Hoy, después de ayudar a mi madre o a mi padre con...» o «No tenía ningún trabajo, así que jugué con mis amigos. Hicimos...» o «Hoy, en el colegio, aprendí a...». A continuación, describa los juegos que jugaría en su tiempo libre.

Capítulo 5: La esclavitud en la antigua Roma

En la antigua Roma había muchos esclavos, en las ciudades y en el campo. Trabajaban principalmente en las casas, negocios y granjas de los ricos. Algunos esclavos eran tratados muy bien, mientras que otros tenían una vida más difícil.

Esclavos romanos cautivos con collar
Ashmolean Museum, CC BY-SA 2.0 <https://creativecommons.org/licenses/by-sa/2.0>, via Wikimedia Commons; https://commons.wikimedia.org/wiki/File:Roman_collared_slaves_-_Ashmolean_Museum.jpg

La mayoría de los esclavos a lo largo de la historia de Roma fueron capturados en guerras, por lo que procedían de muchos lugares diferentes. Un integrante de una familia podía ser vendido si el dueño de la casa no podía alimentarlo y cuidarlo. Algunos esclavos cambiaban de propietario porque su amo tenía deudas y no podía pagarlas. Algunos eran criminales.

Algunos trabajaban en granjas cultivando uvas para vino, mientras que otros ayudaban a sus dueños en sus negocios, como la fabricación de zapatos o el curtido de pieles. Finalmente, algunos trabajaban en el hogar o cuidaban de los niños.

A medida que las tierras y el poder de Roma crecían, muchos esclavos trabajaron en la construcción de las ciudades. Algunos ayudaron a construir y cuidar los *acueductos* de Roma, que proporcionaban agua potable a la ciudad. El emperador y el erario público les pagaban por su trabajo.

> **DATO CURIOSO**
> "Si un esclavo sabía leer o escribir, a menudo servía de maestro a los hijos de las familias adineradas."

Un esclavo con un libro abierto para su amo
Giovanni Dall'Orto, Attribution, via Wikimedia Commons; https://commons.wikimedia.org/wiki/File:Sarcofago_avvocato_Valerius_Petrnianus-optimized.jpg

Los esclavos eran una parte importante de la economía de Roma, pero su vida era solitaria y difícil. Algunos propietarios eran amables con sus esclavos, pero otros eran mezquinos y crueles, por lo que algunos esclavos tenían que trabajar en minas y túneles oscuros bajo tierra. Era un trabajo muy peligroso. Otros, servían a sus amos como «catadores» de comida para asegurarse de que no estaba envenenada.

Los esclavos eran la clase más baja de la sociedad, no tenían ningún poder y eran considerados propiedad de sus dueños.

¿Cuánto costaba un esclavo romano?

El precio de un esclavo romano dependía de su edad, sexo y habilidades. También de su aspecto, de si hablaba la lengua romana o de si era hábil en algún oficio. Un esclavo con educación previa costaba más que un esclavo sin conocimientos ni educación. Los esclavos perdían valor a medida que envejecían.

Cómo podía obtener la libertad un esclavo

Los esclavos podían ser liberados de ciertas maneras. A veces, el dueño podía concederles la libertad mediante un proceso conocido como *manumisión*, una palabra elegante para referirse a la liberación de un esclavo.

Algunos romanos liberaban a sus esclavos para agradecerles por sus años de servicio. Esto ocurría más a menudo si el esclavo era viejo. A veces, los amos liberaban a sus esclavos poco antes de morir o en su testamento. Se pensaba que los esclavos eran más leales y trabajaban más si sus amos les prometían la libertad tras un cierto número de años.

En los primeros años del Imperio romano, el derecho limitaba el número de esclavos que podían ser liberados. Una de las formas más comunes de obtener la libertad consistía en comprarla. A algunos esclavos romanos se les pagaba un *peculium* o salario. Así, podían ahorrar dinero para comprar su libertad, aunque esto llevaba muchos años.

Muchos esclavos no solían tener dinero, pero podían tener alguna propiedad personal con la que comprar su libertad. Algunas esclavas eran liberadas tras casarse con su dueño, pero una mujer liberada tenía pocos derechos y debía hacer lo que ordenara su marido.

Revueltas de esclavos

Una de las mayores revueltas de esclavos tuvo lugar en el año 73 a. C. La encabezó un hombre llamado **Espartaco**. Poco se sabe de sus primeros años, aunque algunos historiadores creen que Espartaco servía en el ejército romano y abandonó su servicio sin permiso. También se dice que intentó rebelarse. En cualquier caso, fue vendido como esclavo y fue enviado a una escuela de gladiadores en la ciudad de Capua.

Allí, lideró una revuelta. Escapó de la escuela con otros setenta gladiadores y fue capaz de crear una enorme fuerza de esclavos y trabajadores libres. Algunos expertos en historia creen que el número oscilaba entre 70.000 y 100.000 hombres.

El ejército de Espartaco marchó por todo el Imperio romano, luchando y derrotando a un par de ejércitos romanos en su primer año. Durante la revuelta, sin embargo, perdieron muchos hombres. Espartaco fue asesinado en una batalla dos años después. Los esclavos que sobrevivieron a esta batalla fueron capturados y asesinados por el ejército romano.

Ilustración de la muerte de Espartaco en batalla
https://commons.wikimedia.org/wiki/File:Tod_des_Spartacus_by_Hermann_Vogel.jpg

¿Cómo vestían y qué comían los esclavos?

En la época romana, los esclavos que trabajaban en el campo o en otras tareas serviles vestían túnicas sencillas que solían ser de lana. Algunas eran sin mangas, mientras que otras tenían mangas cortas. Las túnicas de los niños y los hombres solían llegar hasta las rodillas y se ataban con un cinturón.

Las mujeres y las niñas también vestían túnicas sencillas, pero con mangas largas. Eran más largas y les cubrían las piernas. Un esclavo que trabajaba en casa de una persona rica podía tener ropas más bonitas, aunque no era común.

En cuanto a la comida, los esclavos solían alimentarse de sobras o trozos de comida que sus dueños no querían. A veces, solo comían pan y agua. Algunas veces, conseguían comer algunas frutas o verduras. Si tenían suerte, conseguían queso y se daban un festín.

Muchos esclavos hacían una especie de avena hirviendo cereales como el trigo. Podían comer carne si cazaban un conejo, una ardilla o una tortuga. La mayoría de los hogares de la época romana comían vacas y cerdos, pero los esclavos se quedaban con las piezas menos apetecidas.

Actividad del capítulo 5 - Opción múltiple

Encierre en un círculo la respuesta correcta.

1. Los esclavos en la antigua Roma se encontraban _____.
   a. Solo en la ciudad
   b. En todas partes
   c. Solo en el campo

2. El hombre que lideró la gran revuelta de esclavos fue _____.
   a. Lucio
   b. Espartaco
   c. César

3. El costo de un esclavo dependía de _____.
   a. La edad
   b. El nivel de cualificación o educación
   c. Todas las anteriores

4. Los esclavos vestían _____.
   a. Túnicas sencillas
   b. Túnicas largas con bordes de colores
   c. Túnicas, polainas y zapatos de cuero

Respuestas del capítulo 5

1. B - En todas partes
2. B - Espartaco
3. D - Todas las anteriores
4. A - Túnicas sencillas

Capítulo 6: ¿Cómo se entretenían los romanos?

Aunque la vida de los ciudadanos romanos era dura, se tomaban tiempo para divertirse de vez en cuando y tenían muchas formas de entretenerse. Celebraban luchas de gladiadores en el Coliseo, animaban a sus cuadrigas favoritas en las carreras del Circo Máximo y disfrutaban de reuniones sociales que se celebraban en las termas y en el foro.

El foro solía ser el centro de la ciudad y la gente solía reunirse allí para comprar en el mercado, escuchar discursos públicos y asistir a juicios.

Ruinas del foro romano

BeBo86, CC BY-SA 3.0 <https://creativecommons.org/licenses/by-sa/3.0>, via Wikimedia Commons; https://commons.wikimedia.org/wiki/File:Forum_romanum_6k_(5760x2097).jpg

Uno de los edificios romanos más famosos es el Coliseo, donde luchaban los gladiadores. Las ruinas del Coliseo aún pueden verse hoy en día, casi dos mil años después de su construcción, en el centro de Roma.

El Coliseo romano

La construcción del Coliseo comenzó en el año 70 d. C. bajo el mando del emperador Tito. Se inauguró diez años después y para celebrarlo, el emperador convocó cien días de juegos.

El Coliseo era una maravilla de su época. El edificio tenía casi ochenta puertas marcadas con números para que los visitantes encontraran sus asientos. Hoy en día, los estadios y cines modernos siguen teniendo este diseño. El diseño era tan bueno que la gente podía salir (sin importar dónde estuviera sentada) en cuestión de minutos. Esto se debía al gran número de puertas arqueadas, escaleras y pasillos.

En la parte superior de la estructura había grandes postes donde se colgaban cables para poner grandes lonas en verano que protegían a los visitantes del sol abrasador. Para los juegos nocturnos, una gran lámpara de araña colgaba de lo alto y el público podía ver lo que ocurría en la arena.

> **DATO CURIOSO**
> "El muro más alto del Coliseo tiene 57 metros (187 pies), ¡más o menos lo que mide un edificio moderno de 17 pisos!"

En el Coliseo se celebraron muchos eventos durante más de trescientos años, pero los más famosos y populares eran las luchas de gladiadores.

Ruinas del Coliseo de Roma
Alessandroferri, CC BY-SA 4.0 <https://creativecommons.org/licenses/by-sa/4.0>, via Wikimedia Commons; https://commons.wikimedia.org/wiki/File:Colosseo_2008.jpg

El Coliseo es uno de los mayores anfiteatros romanos, una arena al aire libre para espectáculos. Podía albergar a casi cincuenta mil personas. Bajo la estructura hay muchas salas y túneles, formando el espacio llamado *hipogeo*. Allí se guardaban animales salvajes como osos o leones y se alojaban los gladiadores que luchaban contra ellos. A veces, los gladiadores también luchaban entre sí.

DATO INTERESANTE

En el lado oeste del Coliseo se encuentra la Puerta de la Muerte donde se llevaba a los gladiadores o a los prisioneros que morían tras los combates. En el lado este del Coliseo se encuentra la Puerta de la Vida que era el lugar por el que los gladiadores entraban a la arena antes de luchar contra bestias u otros hombres.

Los gladiadores romanos

Los gladiadores romanos eran luchadores profesionales, muy parecidos a los boxeadores actuales. Algunos eran criminales y otros esclavos. La mayoría de las veces luchaban hasta la muerte. Algunos también luchaban por su libertad.

DATO CURIOSO

" Un terremoto en 1349 d. C. dañó gran parte de la estructura del muro exterior del Coliseo, pero la mayor parte de la estructura sigue en pie hoy en día. "

La mayoría eran entrenados como gladiadores en escuelas especiales, como la que Espartaco visitó en Capua. Estas escuelas no eran como las de hoy en día, ya que en ellas vivían en pequeñas celdas y a menudo estaban encadenados para que no escaparan. Esto era especialmente cierto para los gladiadores que habían sido criminales, esclavos o prisioneros de guerra.

Era una vida brutal. Los gladiadores solían vivir poco tiempo, pero eran respetados por sus habilidades y técnicas de lucha. Había distintos tipos de gladiadores y usaban distintas armas. Algunos llevaban pequeños escudos redondos de bronce que apenas los protegían. La mayoría llevaba una espada corta llamada *gladius*, otros llevaban una lanza o espada con un escudo cuadrado y algunos utilizaban una daga curva más corta y un escudo muy pequeño para defenderse de los golpes.

Imagen en piedra de gladiadores luchando

English: Following Hadrian, CC BY-SA 2.0 <https://creativecommons.org/licenses/by-sa/2.0>, via Wikimedia Commons, https://commons.wikimedia.org/wiki/File:Relief_depicting_a_gladiatorial_combat,_3rd_century_AD,_from_Ephesus_(Turkey),_Neues_Museum,_Berlin_(8169159853).jpg

Llevaban cuero grueso o armaduras acolchadas en las muñecas y en los hombros. Algunos gladiadores luchaban con redes que tenían pesas atadas a los extremos (como las que usaría un pescador) para capturar a sus enemigos, pero si la perdían, quedaban sin protección. Otros luchaban con un tridente. Ninguno llevaba protección para el pecho o el abdomen.

Si un gladiador no moría, pero resultaba herido o quedaba indefenso, podía pedir clemencia a la multitud y al emperador. A veces, el emperador levantaba el pulgar, lo que significaba que ordenaba salvar la vida del gladiador; otras veces, lo sentenciaba a muerte mostrando el pulgar para abajo.

Carreras de cuadrigas en el Circo Máximo

Carrera de cuadrigas en el Circo Máximo
https://commons.wikimedia.org/wiki/File:Jean_L%C3%A9on_G%C3%A9r%C3%B4me_-_Chariot_Race_-_1983.380_-_Art_Institute_of_Chicago.jpg

Otra forma popular de entretenimiento eran las carreras de cuadrigas celebradas en el Circo Máximo, un estadio conocido como *hipódromo* que tenía forma de U y un muro bajo en el centro alrededor del cual corrían los carros. En el siglo IV, el estadio podía albergar hasta 250.000 personas. Los asientos eran de piedra, por lo que no eran tan cómodos como los actuales.

Los carros eran tirados por yuntas de caballos, a veces cuatro, a veces seis y a veces doce. Los carros se pintaban de diferentes colores para que el público los distinguiera. Controlar un equipo de cuatro caballos requería mucha habilidad y fuerza, sobre todo en las curvas. ¿Se imagina controlar una yunta de doce caballos?

Las termas romanas

En la época romana se construyeron grandes estructuras para bañarse y relajarse. Las salas de las termas romanas tenían diferentes temperaturas, por lo que se podía elegir entre agua caliente, tibia o fría. Los ciudadanos iban allí para bañarse, refrescarse, leer o charlar con amigos en un lugar tranquilo.

Las termas romanas podían ser pequeñas o enormes. La mayoría disponía de salas que producían vapor caliente, considerado bueno para la salud. Algunas tenían amplias plantas y abundantes arcos y cúpulas. Estaban hechas de ladrillos de terracota, como muchas macetas de jardín de hoy en día. Las termas solían estar decoradas con *mosaicos*, que eran imágenes de personas o cosas formadas por muchos azulejos.

Representación de las termas romanas de Caracalla
Attribution-ShareAlike 2.0 Generic (CC BY-SA 2.0)
< https://creativecommons.org/licenses/by-sa/2.0/>, https://www.flickr.com/photos/carolemage/8485302832

Las termas romanas estaban abiertas a todo el mundo, incluso a los esclavos. Había que pagar una pequeña suma para entrar y en algunos casos los esclavos tenían que utilizar una puerta diferente. Las termas romanas también solían incluir una biblioteca, jardines, salas y fuentes.

Actividad del capítulo 6 - Haga un dibujo

Dibuje cómo cree que era un gladiador y contra qué luchaba en el Coliseo. ¿Luchaba contra otro hombre, un animal o un monstruo? ¿Quién ganaría?

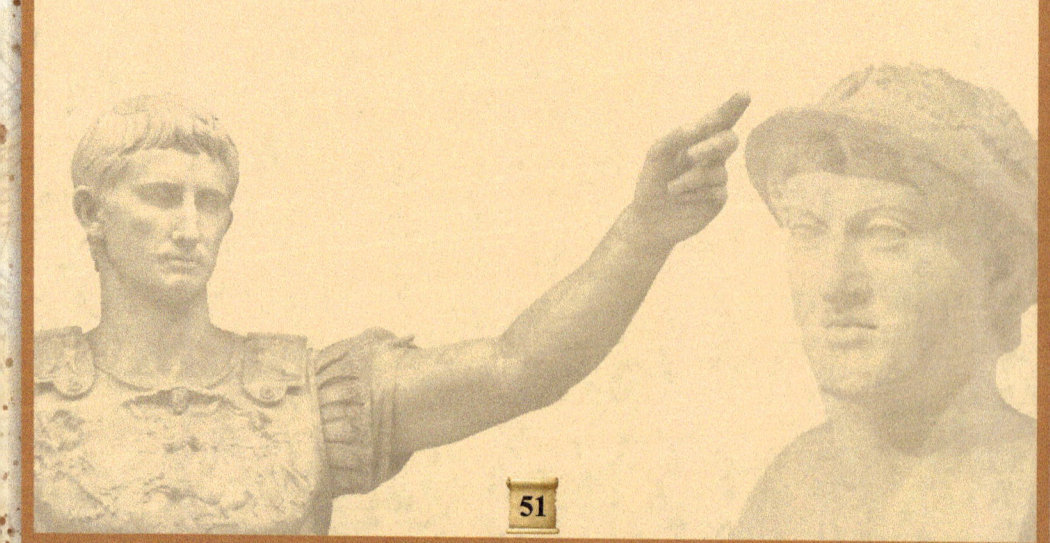

Capítulo 7: El ejército romano y sus numerosas batallas

El ejército romano era uno de los más avanzados de su época debido a su forma organizada de luchar, que lo hacía muy poderoso. El ejército romano estaba formado por soldados a pie (infantería), soldados a caballo (caballería) y arqueros, entre otros.

Los soldados del ejército romano eran disciplinados y estaban bien entrenados. Durante los primeros años de la República, luchaban de forma muy parecida a los griegos, en formaciones cerradas como un gran cuadrado o rectángulo. Sin embargo, esto los hacía fáciles de matar o herir, ya que estaban muy juntos.

A medida que luchaban contra sus vecinos, los romanos fueron creando unidades de hombres más pequeñas que se desplazaban con mayor facilidad. Estas formaciones se llamaban *maniples* y estaban formadas por entre 120 y 160 hombres. Una legión romana era la unidad más grande del ejército.

Cada legión se dividía en *cohortes* de unos quinientos hombres. Durante los años de la República y en los años del Imperio romano, cada cohorte se dividía en *centurias*, que constaban de cien hombres. El jefe de cada centuria se llamaba *centurión*.

> **DATO CURIOSO**
> Una legión tenía entre cuatro mil y cinco mil soldados de infantería, además de unos trescientos soldados de caballería.

El ejército romano estaba formado por dos tipos de soldados: los legionarios y los auxiliares. Solo los mejores se convertían en legionarios, además de que tenían que ser ciudadanos y tener más de diecisiete años.

Los auxiliares no eran ciudadanos romanos. Normalmente, eran hombres que procedían o vivían en países conquistados por Roma y a menudo se les encargaba la protección de las fronteras, un trabajo peligroso. Cobraban menos que un legionario, pero eran respetados. Cuando se retiraban, tenían derecho a convertirse en ciudadanos romanos.

DATO CURIOSO

"Los legionarios se alistaban y servían en el ejército durante veinticinco años. Si sobrevivían a todos esos años de batalla, eran recompensados con tierras."

Los soldados romanos llevaban diferentes armas a la batalla. Las dos más comunes eran el *gladius*, una espada corta de hoja gruesa, y una lanza de dos metros de largo llamada *pilum*. Además, todos los legionarios llevaban un casco de metal y una armadura que les protegía el pecho y la espalda, y algunos llevaban placas que también protegían los hombros y la parte superior de los brazos.

Traje militar romano

Christian Peter Marinescu-Ivan, CC BY-SA 2.0 <https://creativecommons.org/licenses/by-sa/2.0>, via Wikimedia Commons; https://commons.wikimedia.org/wiki/File:Roman_military_clothes_National_Military_Museum_Bucharest_Romania.jpg

Durante su entrenamiento, los soldados tenían que aprender a marchar y a utilizar las armas, soportando largas horas de prácticas y ejercicios. Los soldados romanos eran una fuerza de combate respetada y temida.

DATO CURIOSO

"Cuando los hombres terminaban su entrenamiento, ¡marchaban hasta treinta kilómetros al día con toda su armadura! Cuando no estaban en combate, practicaban sus habilidades. A veces, añadían peso a sus espadas o escudos para fortalecerse."

La vida de un soldado era dura. Durante algunos años, los soldados no podían casarse. Los pagos dependían del rango, por lo que cuanto más alto era su rango, más cobraban.

Los soldados aprendían habilidades

A los soldados romanos no solo se les entrenaba para luchar. También debían aprender otras habilidades. Por ejemplo, si tenían que cruzar un río, debían saber construir un puente. También aprendían a construir carreteras y murallas y a talar bosques. Una de las estructuras más famosas construidas por soldados fue el **Muro de Adriano**, que data del año 122 d. C. Se construyó como defensa mientras el ejército romano estaba en Britannia, lo que hoy se conoce como Gran Bretaña y ¡tenía más de setenta millas de largo! Sus ruinas aún pueden verse hoy en día.

Ruinas del Muro de Adriano

Tilman2007, CC BY-SA 3.0 <https://creativecommons.org/licenses/by-sa/3.0>, via Wikimedia Commons; https://commons.wikimedia.org/wiki/File:08-Hadrians_Wall-037.jpg

El éxito del ejército romano también se debe a las formaciones especiales, como la *formación testudo*. Se trataba de una formación muy agrupada en forma de U o de cuadrado. También se la llamaba «tortuga». Los hombres del exterior utilizaban sus escudos para protegerse a sí mismos y a los hombres del centro, que sostenían sus escudos por encima de sus cabezas para protegerse de flechas y rocas.

Formación testudo
https://commons.wikimedia.org/wiki/File:Colonne_trajane_1-57_(cropped).jpg

En el año 14 d. C., el Imperio romano controlaba Europa occidental, Medio Oriente y el norte de África.

Mapa de las legiones romanas en el año 14 d. C.
Jack Keilo, CC BY-SA 3.0 <https://creativecommons.org/licenses/by-sa/3.0>, via Wikimedia Commons; https://commons.wikimedia.org/wiki/File:Roman-legions-14-AD-Centrici-site-Keilo-Jack.jpg

Actividad del capítulo 7 - Verdadero o falso

Después de leer este capítulo, señale cuáles de las siguientes afirmaciones son verdaderas y cuáles falsas.

1. Un soldado romano normalmente solo llevaba una espada a la batalla.

2. Los soldados del ejército romano no estaban muy bien entrenados.

3. El Muro de Adriano se construyó en el año 122 d. C.

4. Los soldados romanos no solo luchaban, también aprendían a construir cosas como carreteras y puentes.

5. Una lanza romana medía unos cuatro pies de largo.

6. Los soldados romanos nunca usaban caballos en la batalla.

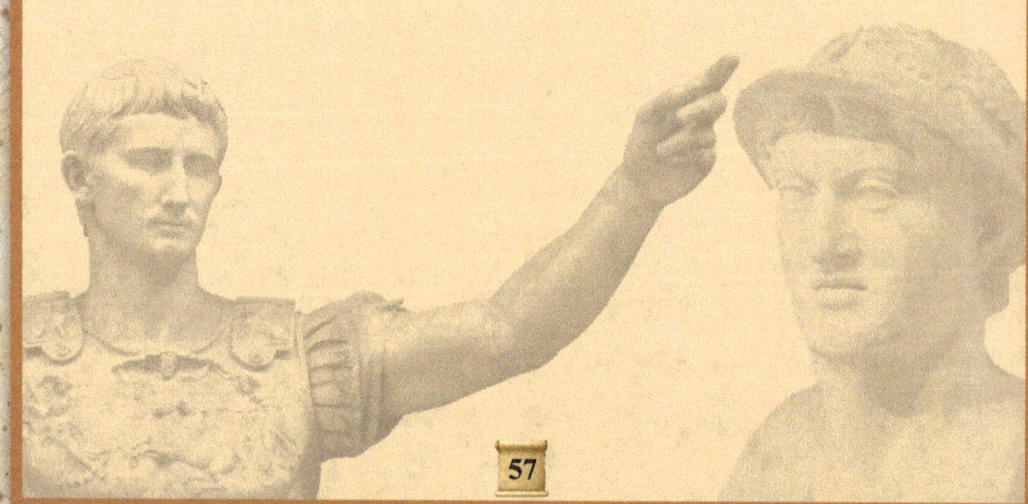

Respuestas del capítulo 7

1. Falso
2. Falso
3. Verdadero
4. Verdadero
5. Falso
6. Falso

Capítulo 8: Emperadores famosos

Durante el Imperio romano gobernaron muchos emperadores. Conozca a algunos de los líderes romanos que marcaron la historia.

Emperador Tiberio (reinó del 14 d. C. al 37 d. C.)

Tiberio fue el segundo emperador de Roma. Nació en el año 42 a. C. y era un niño serio y tímido. Algunos documentos históricos afirman que hablaba despacio y de una forma que confundía a los demás. Asumió su primer mando militar cuando solo tenía veintidós años. Ganó algunas batallas y tenía fama de cuidar bien a sus hombres.

Tiberio luchó en tierras lejanas a Roma. Sin embargo, no era un hombre feliz, ni siquiera con sus victorias. Cuando tenía 36 años, abandonó Roma y se fue a vivir a Rodas. No se sabe a ciencia cierta por qué se marchó. Es posible que temiera que sus enemigos quisieran matarlo.

El emperador Tiberio
https://commons.wikimedia.org/wiki/File:Tiberius_palermo.jpg

Los historiadores dicen que Tiberio se convirtió en un recluso (alguien que quiere estar solo). Sin embargo, unos años más tarde, cuando tenía unos 46, regresó a Roma y volvió a dirigir hombres en la batalla. Alrededor de los 54 años, se convirtió en emperador de Roma. Era conocido por ser un líder inteligente y tranquilo y puso fin al despilfarro del erario, por lo que el poder y la riqueza de Roma crecieron durante su reinado.

En el año 23 d. C., cuando Tiberio tenía unos 65 años, murió su hijo y él perdió el interés por gobernar Roma. Un par de años más tarde, se fue a Capri, una isla, y durante su estancia allí se ganó la reputación de ser un hombre cruel y violento. Tiberio fue asesinado en el año 37 d. C. a la edad de 77 años.

A pesar de sus defectos, Tiberio revivió el poder de Roma, creando la estabilidad y la riqueza que impulsaron a Roma durante muchas generaciones futuras.

Emperador Claudio (reinó del 41 d. C. al 54 d. C.)

El emperador Claudio nació en el año 10 a. C. y fue el cuarto emperador de Roma. Era conocido por su tartamudez y porque siempre parecía nervioso. Claudio era hijo de un popular general romano, pero era enfermizo y torpe. Como su familia se avergonzaba de él, a menudo pasaba tiempo solo estudiando. Era muy inteligente y se cree que escribió muchos libros en griego.

Busto del emperador Claudio
BVBurton, CC BY-SA 4.0
<https://creativecommons.org/licenses/by-sa/4.0>, via Wikimedia Commons;
https://commons.wikimedia.org/wiki/File:Emperor_Claudius_Ashmolean.jpg

Claudio llegó al poder en el año 41 d. C. Era popular entre los militares y se sabía que tenía buena opinión de los libertos y los extranjeros. También era conocido por buscar la aprobación de los romanos. Ganó muchas tierras, especialmente en el norte de África y el Medio Oriente, aunque tuvo cuidado de evitar guerras con las tribus de las actuales Alemania e Irán.

Mejoró el sistema judicial romano y desarrolló varias colonias para proteger las fronteras de Roma. A pesar de esto, a menudo se le consideraba un hombre débil de mente. No se llevaba bien con los ricos y se centró en mejorar las condiciones de vida del pueblo.

Claudio fue envenenado en el año 54 d. C. a la edad de 64 años.

Emperador Trajano (reinó del 98 d. C. al 117 d. C.)

El emperador Trajano fue el primer emperador de Roma nacido fuera de Italia. Nació hacia el año 53 d. C. en la provincia romana ubicada en el sur de la actual España. Sus antepasados eran romanos casados con mujeres nativas.

Se cree que Trajano creció en Roma o en uno de los puestos militares cercanos. Sirvió al ejército romano y más tarde comandó una legión en España. Durante aquellos años, libró muchos combates a lo largo de las fronteras de Roma.

Trajano recibió el encargo de gobernar las tierras de la Alta Germania. Era apreciado por sus pares militares y por los senadores de Roma. A principios del 98 d. C., fue elegido como emperador de Roma, en una elección aprobada por el Senado y el ejército. Permaneció un tiempo en la Alta Germania esperando a que se restableciera el orden y se reforzaran las defensas fronterizas, hasta que regresó a Roma en el año 99 d. C.

Busto del emperador Trajano.
https://commons.wikimedia.org/wiki/File:Traianus_Glyptothek_Munich_336.jpg

Trajano era conocido por ser un hombre generoso que solía regalar dinero a los pobres. También les daba granos gratis para que alimentaran a sus familias. Redujo los impuestos y ayudó a desarrollar una política para ayudar a los niños pobres de Roma con los fondos públicos.

Bajo el liderazgo del emperador Trajano, Roma disfrutó del apogeo de su poder. En aquella época, el territorio del imperio se extendía desde Britania, en el norte, hasta África, en el sur; y desde Portugal y España, en el oeste, hasta el Medio Oriente. Roma controlaba todo el territorio que rodeaba el mar Mediterráneo.

Trajano ordenó la construcción de carreteras, acueductos, puentes, puertos y edificios, incluidas bibliotecas y un nuevo foro.

A diferencia de los emperadores precedentes, Trajano mostró poco interés en ampliar las fronteras de Roma al principio de su gobierno. Primero, se ocupó de su pueblo. Con el tiempo, invadió la región de lo que hoy es Rumania y algunas tierras de Arabia hasta el Golfo Pérsico.

Desgraciadamente, cuando Trajano regresaba a Roma, enfermó y murió a la edad de 64 años. Sus cenizas fueron trasladadas a Roma, donde se celebraron sus funerales. Fue conocido como uno de los «cinco buenos emperadores» del Imperio romano.

Adriano (reinó del 117 d. C. al 138 d. C.)

Se desconoce el lugar exacto de nacimiento de Adriano, aunque se cree que fue Roma o el sur de España, hacia el año 76 d. C. Era primo del emperador Trajano y a la edad de treinta años, fue compañero del emperador durante varias guerras a lo largo del Danubio. En el 107, fue gobernador de una provincia y al año siguiente fue nombrado cónsul. Unos diez años más tarde, se dirigió al oeste para hacerse cargo de los ejércitos romanos en Siria.

Allí se enteró de que el emperador Trajano lo había adoptado oficialmente, convirtiéndolo en su heredero para convertirse en emperador. Días después, el emperador Trajano murió. En el año 117, Adriano se convirtió en emperador de Roma a sus 41 años.

Busto de Adriano
https://commons.wikimedia.org/wiki/File:Bust_Hadrian_Musei_Capitolini_MC817.jpg

Adriano era popular entre el pueblo romano, ya que trataba bien a los ciudadanos para ganarse su respeto. Pocos años después de convertirse en emperador, abandonó Roma. Quería ver los puestos fronterizos e inspeccionar sus tropas en el imperio. No regresó a Roma hasta el año 125 d. C.

Algunos creen que la razón por la que Adriano abandonó Roma durante tanto tiempo fue que se aburría. Después de todo, había pasado la mayor parte de su vida viajando y era un hombre muy curioso.

Adriano pasó poco tiempo en Roma, pero dejó su huella en la historia. Diseñó y supervisó la construcción del Panteón en el 125 d. C., diseñó el templo de Venus y el templo de Roma. También es conocido por el Muro de Adriano, que construyó para proteger y defender la Britania romana. Todavía hoy quedan restos de este muro.

A lo largo de los años, Adriano viajó muchas veces a Roma para volver a marcharse.

> **DATO CURIOSO**
>
> "Adriano no se ponía por encima de los demás. Incluso comía y dormía con sus soldados mientras viajaba."

Cuando tenía 58 años, abandonó Roma por última vez para ocuparse de una revuelta en Judea, en Oriente Próximo. El 138 d. C., a la edad de 62 años, Adriano murió, los historiadores creen que fue de un fallo cardíaco. Como su predecesor Trajano, fue uno de los «cinco buenos emperadores» de Roma.

Poco antes de su muerte, Adriano eligió a un joven llamado Marco Aurelio para ser su sucesor.

Marco Aurelio (reinó del 161 d. C. al 180 d. C.)

Cuando murió el emperador Adriano, Marco Aurelio tenía unos diecisiete años. Era demasiado joven para asumir el gobierno de Roma y fue adoptado por un hombre llamado Aurelio Antonino, también conocido como Antonino Pío.

Busto del emperador romano Marco Aurelio
Musée Saint-Raymond, CC BY-SA 4.0 <https://creativecommons.org/licenses/by-sa/4.0/>, via Wikimedia Commons; https://commons.wikimedia.org/wiki/File:MSR-ra-61-b-1-DM.jpg

Pío se convirtió en emperador de Roma tras la muerte de Adriano y gobernó entre el 138 d. C. y el 161 d. C.

Enseñó al joven Marco Aurelio cómo gobernar el Imperio romano, pero Marco no estaba interesado en las formas de la guerra o en el ejército. Marco era muy inteligente y estudiaba mucho, especialmente filosofía.

Marco Aurelio era conocido como uno de los «cinco buenos emperadores». Tenía fama de preocuparse más por el pueblo que por su propio poder y era conocido como un *filósofo* o pensador que buscaba respuestas a preguntas difíciles.

A lo largo de su vida, no tuvo muchas posesiones y comía alimentos sencillos. Cuando Marco tenía cuarenta años, fue llamado para convertirse en emperador de Roma. Manifestó que no aceptaría el cargo a menos que su otro hermano adoptivo, Lucio Vero, pudiera gobernar con él. Los senadores romanos estuvieron de acuerdo.

Marco y Lucio comenzaron su gobierno creando programas para honrar a los militares y ayudar a los pobres. Fomentaron la educación y las artes y ambos eran muy populares como líderes. Sin embargo, los buenos tiempos no duraron. Mientras Marco seguía viviendo con sencillez, Lucio quería lo mejor. Derrochaba dinero y hacía regalos caros a sus amigos, lo que no le hizo gracia a Marco.

Lucio se fue a luchar contra invasores y revueltas y mientras no estaba, Marco siguió haciendo su trabajo como emperador. Aprobó leyes para fomentar la paz entre todas las clases sociales de Roma y protegió a los cristianos, que estaban en auge, de la persecución a causa de sus creencias.

Durante muchos años, Marco gobernó Roma con gran responsabilidad. Se casó y tuvo hijos. Su apacible vida duró hasta el año 167 d. C., cuando tuvo que ir a ayudar a Lucio a luchar contra las tribus germánicas que invadían las fronteras del Imperio romano. Ambos regresaron a Roma después de estas batallas.

En el 169 d. C. murió Lucio y Marco gobernó en solitario, pero tuvo que dedicar gran parte de su tiempo a luchar contra las invasiones de las tribus germánicas, contras las que luchó durante casi una década. Al final, Marco venció y en el 178 d. C., se instaló en su cuartel de invierno cerca del río Danubio. Allí permaneció hasta su muerte, en el 180 d. C., a la edad de 59 años.

Mapa del Imperio romano y Germania hacia el año 98 d. C.
Modification Bearbeitung·Prilaboro: D. Bachmann, CC BY-SA 3.0
<http://creativecommons.org/licenses/by-sa/3.0/>,
via Wikimedia: https://commons.wikimedia.org/wiki/File:Imperium_Romanum_Germania.png

Capítulo 9: La caída de Roma

¿Por qué cayó el Imperio romano? No fue una sola cosa la que provocó el colapso del Imperio romano. Algunos expertos en historia opinan que creció demasiado y era muy difícil gobernarlo y protegerlo. También hubo muchas luchas internas por las provincias que hacían parte del imperio. En el 286 d. C., el emperador *Diocleciano* dividió el imperio en dos secciones, pensando que así sería más fácil gobernarlo, pero no fue así.

Busto de Diocleciano

ZazaSRB, CC BY-SA 4.0 <https://creativecommons.org/licenses/by-sa/4.0>, via Wikimedia Commons; https://commons.wikimedia.org/wiki/File:Bust_of_Diocletian_at_the_National_Museum_of_Serbia.jpg

Otros historiadores creen que el principio del fin fue alrededor del año 376 d. C., cuando un número creciente de invasores, como los godos, entraron en el Imperio romano. Habían sido empujados hacia el oeste por otras tribus como los hunos.

Las invasiones de pueblos conocidos como **bárbaros** (personas que no pertenecían a la civilización romana, griega o cristiana) procedían de todas partes: Alemania, Europa central, el norte de África, Egipto y los países del actual Medio Oriente.

Pero no solo las invasiones provocaron la caída del Imperio romano, también influyeron las luchas entre romanos por el control de los puestos fronterizos.

Algunos pueblos se cansaron del dominio romano, lucharon contra el imperio y consiguieron ganar territorios a los romanos. Algunos de estos invasores eran godos procedentes de las tierras germánicas y otras tribus llegadas incluso de más al este.

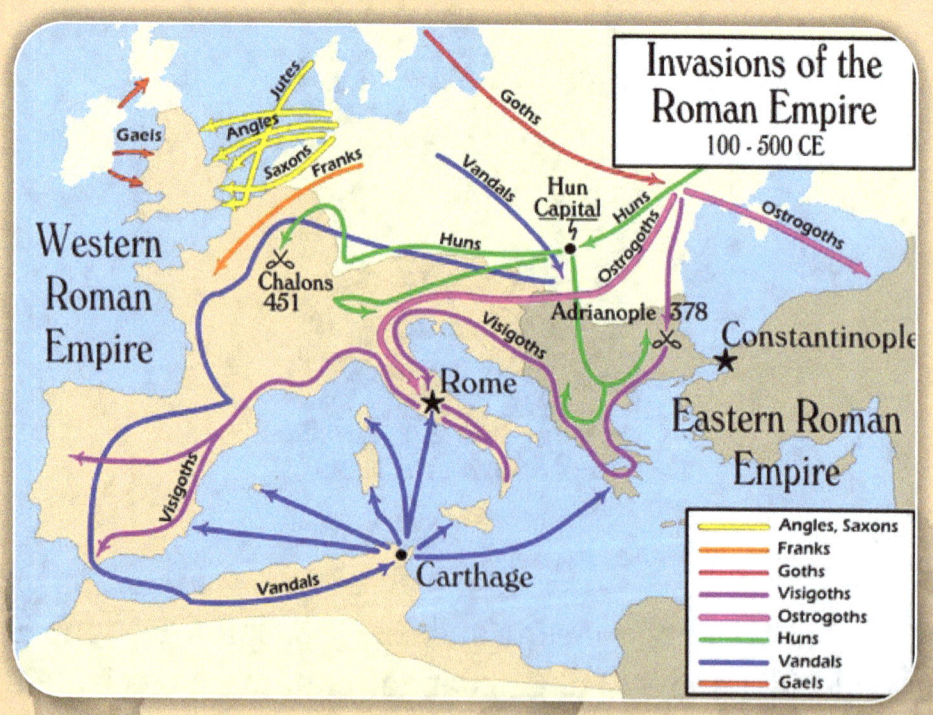

Invasiones del Imperio romano
User:MapMaster, CC BY-SA 2.5 <https://creativecommons.org/licenses/by-sa/2.5>, via Wikimedia Commons, https://commons.wikimedia.org/wiki/File:Invasions_of_the_Roman_Empire_1.png

Tras la división del imperio por parte de Diocleciano, la inestabilidad política y de liderazgo debilitó la capacidad de defensa de los romanos. Esto sucedió gradualmente durante unos doscientos años. Se libraron guerras internas y externas que fueron mermando el poderío militar de los romanos. Con el tiempo, los ejércitos se redujeron; se perdieron pueblos, ciudades y regiones enteras y las fronteras del otrora poderoso Imperio romano empezaron a reducirse.

Atila el huno

Uno de los líderes de las hordas invasoras era un huno llamado Atila. Nadie sabe exactamente cuándo nació. Al crecer, fue apodado el «Azote de Dios» y ese nombre aún perdura porque fue un guerrero y gobernante muy feroz y poderoso. Dirigió a cientos de guerreros contra el Imperio romano. Primero, invadió el Imperio romano de Oriente en el año 441 d. C. Luego, invadió partes del Imperio romano de Occidente.

Un par de años después, tras atacar y destruir muchas tribus, ciudades y hogares en las regiones conquistadas, se dice que Atila asesinó a su propio hermano. A continuación, planeó otra invasión del Imperio romano de Oriente hacia el 447 d. C. Él y sus ejércitos obligaron a los romanos a abandonar un enorme territorio alrededor del río Danubio.

Después, Atila se centró en la lucha contra sus otros enemigos, los visigodos, que también habían ganado muchas batallas contra el Imperio romano dentro de sus confines.

Pintura de Atila el huno
https://commons.wikimedia.org/wiki/File:Eugene_
Ferdinand_Victor_Delacroix_Attila_fragment.jpg

Atila y sus hombres avanzaron e invadieron las fronteras septentrionales de Italia, pero no llegaron a la ciudad de Roma. Aun así, él y sus hombres saquearon muchas ciudades del norte de Italia en el 452. Su determinación de llegar a Roma solo terminó con su muerte en el 453. Se cree que murió mientras dormía. Su tumba está oculta y todas las personas que ayudaron a enterrarlo fueron asesinadas para mantener el lugar en secreto.

> **DATO CURIOSO**
> "Atila el huno promovió una vez la paz entre su pueblo y los romanos. No duró mucho."

Atila no fue el único invasor que amenazó el poderío del Imperio romano.

Alarico, el conquistador de Roma

A lo largo de los siglos que precedieron a la caída del Imperio romano de Occidente se libraron encarnizadas batallas y guerras. Los invasores buscaban más tierras, alimentos y protección contra otros invasores beligerantes.

Cuando una tribu sobrepasaba sus confines, expulsaba a la gente que vivía allí. Esas personas tenían que desplazarse y terminaban por expulsar a *otros*. Esto provocó que un gran número de personas se adentraran en las tierras del Imperio romano de Occidente.

Por la lucha permanente de batallas, el ejército romano se redujo. Los invasores venían de todas partes en dirección a la capital del Imperio. Alarico, el líder de los visigodos, llegó a Roma en el año 408 de la era cristiana y asedió la ciudad. Mucha gente murió de hambre por el bloqueo de suministros. Finalmente, se pactó una tregua y Alarico trasladó sus ejércitos de vuelta a Toscana. Dos años más tarde, lo intentó de nuevo y esta vez la ciudad cayó y fue *saqueada* durante tres días por los visigodos.

Sin embargo, no fue hasta el 476 d. C. que se derrumbó uno de los mayores imperios del mundo antiguo. En ese año, un invasor alemán llamado Odoacro se hizo con el control de Rávena, que se convirtió en la capital del Imperio romano de Occidente en

DATO CURIOSO

"Alarico y sus hombres no destruyeron la ciudad."

el 402. Odoacro era un antiguo soldado mercenario del ejército romano que obligó al joven emperador Rómulo Augusto a quitarse la corona. Esto puso fin a más de mil años de dominio romano. Rómulo solo fue emperador durante un año, aunque su padre ostentaba la mayor parte del poder. Su padre murió en una pelea con Odoacro en las afueras de Rávena. Después, Odoacro tomó la ciudad y se nombró a sí mismo rey de Italia.

Ilustración de Rómulo Augusto entregando la corona a Odoacro
Norexqo, CC BY-SA 4.0 <https://creativecommons.org/licenses/by-sa/4.0>, via Wikimedia Commons; https://commons.wikimedia.org/wiki/File:Odoaker.jpg

El Imperio romano de Occidente había caído.

El poderío del Imperio romano duró poco más de quinientos años. Tras la caída del Imperio romano de Occidente, comenzó una nueva era, conocida como la Edad Oscura.

El Imperio romano de Oriente sobrevivió casi mil años más después de la caída de su homólogo occidental. En 1453, el Imperio romano de Oriente cayó tras siglos de lucha contra el Imperio otomano.

La antigua Roma, desde su fundación por Rómulo hasta su caída, duró más de mil años. Los romanos dejaron tras de sí historias de famosos guerreros, emperadores (tanto buenos como malos) y uno de los mayores ejércitos del mundo.

El legado de los antiguos romanos puede verse aún hoy en partes del Muro de Adriano, el Coliseo de Roma y las ruinas de Pompeya. El poderoso Imperio romano se extendió por todo el mundo, dejando tras de sí grandes inventos, arquitectura, obras de arte y textos escritos que hoy podemos admirar y disfrutar.

Actividad del capítulo 9 - Cuestionario

Complete el siguiente cuestionario breve sobre la caída de Roma.

1. ¿Cómo se llamaba el emperador que dividió el Imperio romano en Oriente y Occidente?

2. ¿Quién fue conocido como el «Azote de Dios»?

3. ¿En qué año cayó el Imperio romano de Occidente?

4. ¿Quién fue el líder visigodo que entró en Roma en el año 408 d. C.?

5. ¿Qué hizo Odoacro en el 476?

Respuestas del capítulo 9

1. Diocleciano

2. Atila el Huno

3. 476 d. C.

4. Alarico

5. Tomó el control de Rávena y se nombró a sí mismo rey de Italia.

Si desea obtener más información sobre toneladas de otros períodos históricos emocionantes, ¡consulte nuestros otros libros!

BILLY WELLMAN

LOS CELTAS PARA NIÑOS

Un Apasionante Repaso a la Historia De los Celtas, los Antiguos Britanos y sus Conflictos Con los Romanos

ENTHRALLING HISTORY

Referencias

«El auge de Roma: El desarrollo del imperio más grande del mundo». Everitt, Anthony. 2012. Grupo editorial Random House. Nueva York.

«Siguiendo a Adriano: Un viaje del siglo II a través del Imperio romano». Speller, Elizabeth. 2003. Oxford University Press. Nueva York.

«Los doce césares: Las vidas dramáticas de los emperadores de Roma». Dennison, Matthew. 2012. St, Martin's Press. Nueva York.

«Historia cotidiana: La vida en la época romana». Ridley, Sarah. 2016. Smart Apple Media. Minnesota.

«La antigua Roma»: James, Simon. 1990. Dorling Kindersley Ltd. Primera edición americana. Nueva York.

Rómulo y Remo: https://www.worldhistory.org/Romulus_and_Remus/

Senadores romanos: https://blogs.loc.gov/law/2020/09/the-roman-senate-as-precursor-of-the-u-s-senate/#:~:text=Según%20la%20tradición%2C%20Rómulo%20instituyó,comandante%2C%20llamado%20a%20decurio).

Guerra pírrica: https://www.worldhistory.org/article/1881/roman-warfare-in-the-age-of-pyrrhus/

Tulo Hostilio: https://www.britannica.com/biography/Tullus-Hostilius

Luciano Tarquino Superbus: https://www.britannica.com/biography/Tarquin-king-of-Rome-534-509-BC

Julio César: https://www.britannica.com/biography/Julius-Caesar-Roman-ruler

Julio César: https://education.nationalgeographic.org/resource/julius-caesar/

Augusto César: https://education.nationalgeographic.org/resource/caesar-augustus/

Erupción del Vesubio: https://www.history.com/this-day-in-history/vesuvius-erupts

La esclavitud en la antigua Roma: https://www.britishmuseum.org/exhibitions/nero-man-behind-myth/slavery-ancient-rome

Espartaco: https://education.nationalgeographic.org/resource/spartacus/

El precio de los esclavos:
https://www.unrv.com/slavery.php#:~:text=The%20price%20for%20a%20male%20slave%20in%20Rome,slave%20sold%20for%202%2C500%20sestertii%2C%20or%20625%20denarii.

https://malevus.com/the-price-of-a-roman-slave/

Gladiadores romanos: https://www.worldhistory.org/gladiator/

Coliseo romano: https://www.rome.info/attractions/colosseum/

Coliseo romano: https://www.worldhistory.org/gladiator/

Ejército romano:
https://www.bbc.co.uk/bitesize/topics/zwmpfg8/articles/zqbnfg8

Tiberio: Emperador romano:
https://www.britannica.com/biography/Tiberius

Emperador Claudio: https://www.britannica.com/biography/Claudius-Roman-emperor

Emperador Trajano: https://www.britannica.com/biography/Trajan

Adriano: Emperador romano:
https://www.britannica.com/biography/Hadrian

Adriano: https://www.worldhistory.org/hadrian/

Marco Aurelio: https://www.worldhistory.org/Marcus_Aurelius/

Atila el huno: https://www.britannica.com/biography/Attila-king-of-the-Huns

La caída de Roma: https://education.nationalgeographic.org/resource/sack-rome/